MW01504407

THIS BOOK BELONGS TO:

_____

La Casa (House)

LA NEVERA (FRIDGE)

LA LÁMPARA (LAMP)

EL MICROONDAS (MICROWAVE)

El Teléfono (telephone)

EL LAVABO (SINK)

El inodoro (toilet)

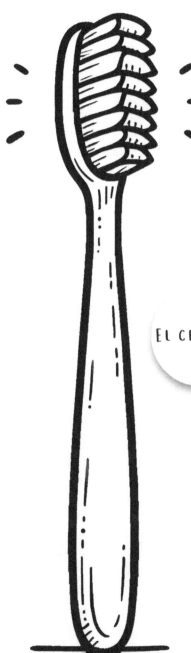

El cepillo de dientes (toothbrush)

EL ÁRBOL (TREE)

LA TELEVISIÓN (TV)

LA BAÑERA (BATHTUB)

LA SILLA (CHAIR)

El Ordenador (Computer)

EL SOFÁ (SOFA)

EL JABÓN (SOAP)

EL ESCRITORIO (DESK)

UNO (ONE)

DOS (TWO)

TRES (THREE)

CUATRO (FOUR)

CINCO (FIVE)

SEIS (SIX)

Siete (seven)

OCHO (EIGHT)

NUEVE (NINE)

DIEZ (TEN)

Made in the USA
Las Vegas, NV
16 July 2024

92403097R00031